L'Inquisition Judiciaire

CONTRE

Les Abus des Officiers Ministériels et de leurs Actes

LES FRAIS DE JUSTICE

PRIX : 25 CENTIMES

MARSEILLE

IMPRIMERIE PHOCÉENNE, H. RIZZO

9 a, Rue Villeneuve, 9 a

1898

Mon cher Lecteur,

J'entreprends une tâche bien difficile dans cette brochure ; mais, en tout, il faut un commencement. Le premier coup de pioche donné ce sera un grand pas de fait et cela me fournira la force d'en donner un deuxième et un troisième s'il le faut, en attendant que quelques personnes viennent à la remorque pour m'aider à battre en brèche les abus que commettent, dans la procédure civile, certains officiers ministériels, afin d'arriver à une réforme complète.

Vous n'ignorez pas ce proverbe qui dit : *fatta la legge trovato l'inganno*. Sitôt qu'une loi apparaît, immédiatement on y trouve des abus.

Ces abus, pour les faire cesser, il faut en informer qui de droit, et ne pas craindre de le faire plusieurs fois, au besoin, jusqu'à ce que l'on parvienne à obtenir quelques réformes.

Il y a des abus dans la procédure civile qu'il serait facile de voir réprimer, avec un peu de bonne volonté, par les personnes compétentes ; et avec un peu plus de surveillance on arriverait à supprimer une partie de ces abus ainsi que les empiètements que l'on fait dans cette procédure.

Pour arriver à ce but, j'ai besoin du concours, qui m'est indispensable, de la Presse en général. Il faut aussi que Messieurs les députés étudient cette grande question de réforme de la procédure et combattent avec nous les abus, car les abus sont des quasi-délits.

Nous aurons besoin de former un comité de jurisconsultes pour faciliter les moyens de présenter à la Chambre des réformes déjà bien étudiées.

J. MIGHETTO
16, Rue du Jeune-Anacharsis.

Tous les documents et réclamations sont reçus à Marseille rue du Jeune-Anacharsis, 16.

L'Inquisition Judiciaire

Contre les Abus des Officiers Ministériels et de leurs actes.

LES FRAIS DE JUSTICE

Rien n'est plus tenace qu'un abus ; d'abord, le plus souvent, pour une raison ou pour une autre, on le respecte ; et quand, par hasard, on se décide à l'arracher, ainsi qu'une herbe parasite, il repousse. — Les révolutions passent, les abus restent ; — un peuple se soulève pour les détruire, il écrit dans sa nouvelle Charte le progrès qu'il veut réaliser. Mais quand la tempête s'apaise et que le calme renaît, l'abus persiste, et la Charte reste lettre morte.

« Nous voulons la justice gratuite ! » a crié le peuple de 89. — « Nous voulons la Justice gratuite !! » ont répété les citoyens en 1830, en 1848, en 1870, et la Justice continue à dévorer, à belles dents, les plus pauvres et les plus misérables, sans souci de ce principe primordial qui veut que chacun ne « contribue » qu'en « proportion de ses moyens ».

Le motif de cette blessure saignante à l'équité, c'est qu'en réalité la Justice, au lieu d'être la suprême balance du Droit, l'arbitre des litiges, n'est qu'une simple institution fiscale, un aveugle moyen d'impôt. Le but accessoire, c'est d'assurer le respect des conventions, l'égalité devant la loi ; la vraie raison d'être, c'est de faire rentrer le plus d'argent possible dans le tonneau budgétaire, aussi percé que celui des Danaïdes.

Et l'Etat, servi à souhait par son armée d'officiers ministériels, dévore à vif et pressure à souhait.

Alors se passe un phénomène singulier, conséquence forcée de cette situation contraire à la logique : l'idée d'une action judiciaire terrorise les plus braves, qui fuient la justice, — distributrice du droit, — ainsi qu'une ennemie, alors qu'on devrait aller à elle ainsi qu'à une protection.

On dit sans y prendre garde, et ceci est passé en dicton familier : « Mieux vaut le plus mauvais accommodement que le meilleur procès », sans s'apercevoir qu'en parlant ainsi on fait la critique la plus effroyable de la justice, puisqu'au lieu de la considérer comme un moyen de droit efficace et naturel, on ne voit en elle qu'un expédient dangereux, inférieur au plus mauvais accommodement ».

Hélas ! elle est si lente, l'action judiciaire, et si coûteuse ! On y consume sa vie, on y épuise sa fortune.

Le troupeau qui n'a plus de laine, à force d'être tondu, commence à s'inquiéter, il demande des améliorations et des réformes ; il y a un mouvement d'opinion publique de ce côté, comme il y en eut un du côté de l'instruction criminelle. Produira-t-il quelque effet, et Jacques Bonhomme aura-t-il quelque satisfaction sur ce point ? J'en doute ; il faudrait avoir le courage d'une réforme radicale, et elle est difficile.

Faute d'une auge pleine, les moutons n'auront pas à se plaindre s'ils ont demi-mesure.

La première réforme mise en pratique est celle relative à la *saisie-arrêt* des salaires d'ouvriers et des appointements de petits employés ne dépassant pas deux mille francs. On s'est avisé tard, sans doute — la sagesse des nations dit : « Mieux vaut tard que jamais » — que le montant des frais de saisie-arrêt mis à la charge de l'ouvrier débiteur, pour une dette souvent insignifiante, atteignait des proportions honteuses. On a relevé des exemples — ils ne manquent guère — et le fait monstrueux d'une dette ouvrière de *sept francs dix centimes* ayant entraîné un effectif de frais de *quarante-deux francs*, soit une somme égale à *six fois* le capital de la dette elle-même. Et remarquez qu'il s'agit seulement d'une procédure d'opposition, c'est-à-dire de l'une des plus douces et des plus bénignes ; s'il s'agissait de poursuites et autres revendications judiciaires, ce serait bien pis encore.

Cette loi est une preuve de la possibilité d'une réforme complète de la procédure — les juges de paix ont été rendus compétents en cette matière, les frais sont peu élevés, et la retenue réduite à un dixième, quel que soit le montant de la créance — Cette loi assez démocratique subira encore, je l'espère, une amélioration par l'adoption de la loi sur les saisies-arrêts des salaires des ouvriers, adoptée par la Chambre des députés le 1er Avril dernier.

Certes le droit des créanciers est respectable, mais plus respectable encore est le « droit de vivre » et nous n'en sommes plus au temps où le créancier avait droit de vie ou de mort sur son débiteur. Or si, d'une part, il a aujourd'hui le droit de faire saisir et vendre le mobilier de son débiteur qu'il jette à la rue ; si, d'autre part, il peut saisir son salaire, voulez-vous me dire comment le débiteur, à la belle étoile, et privé de toutes ressources, fera pour vivre ?

Cette double exécution n'équivaut-elle pas à ce droit barbare de vie et de mort, n'est-elle pas, en tout cas, le « droit à la misère » et j'ajoute, en esprit pratique, qu'elle est sans profit pour le créancier, qui, le plus souvent, verra le plus clair de l'actif réalisé passer aux mains du fisc et de ses agents.

*
* *

Donc, si la réforme se réalise, j'y applaudirai, d'abord parce qu'elle me paraît juste et utile, ensuite parce que ce sera un premier pas sur la route du « mieux » et comme un premier coup de pioche dans cette Bastille de la procédure civile, où les injustices grouillent, au point de vous écœurer, si on y jette les regards.

Quand on pense que les frais *fixes* d'une poursuite sont les mêmes qu'il s'agisse de cent francs ou de cent mille francs, et que, dans les frais proportionnels, il n'est pas tenu compte des sommes déjà versées, si bien que si vous restez devoir cent francs sur un effet de mille francs, la taxe mobile ne porte pas sur le solde encore dû, mais sur la somme entière !

Quant à la vente mobilière, elle se pratique en de telles conditions qu'elle devient souvent un crime, car il semble qu'on prenne plaisir à tout faire pour liquider au plus vil prix le bien du débiteur malheureux, — ce bien respectable entre tous. — Qu'importe, d'ailleurs, pourvu que l'Etat y trouve son compte, et que les officiers ministériels opérateurs soient couverts de leurs frais et honoraires ?—

Quant au créancier, il aura le reste, s'il y en a ! — Quand au débiteur, on l'aura ruiné, et la réalisation de son mobilier aura enrichi l'Etat et engraissé les officiers ministériels sans l'acquitter même d'un à-compte vis-à-vis de son créancier, dont il restera débiteur comme devant.

Et voilà où en sont les choses à la veille du vingtième siècle, et après vingt-huit ans de régime démocratique.

A qui la faute ? direz-vous. — La faute est à tous et à personne : c'est la conséquence fatale d'un état ancien déjà.

Mais le remède ? Le remède, tout le monde le connaît.

C'est une refonte complète de notre procédure civile, qui est vieille, surannée, injuste, contraire aux mœurs et à la civilisation modernes.

C'est la répartition de la justice faite gratuitement, ou à frais minimes, à tous les citoyens, sans préoccupation de fiscalité ruineuse pour tous.

C'est bien autre chose encore...

Mais quel sera l'homme d'Etat assez courageux, assez habile, assez osé pour entreprendre pareille réforme ?

Je crains que celui-là, le sauveur, ne soit pas encore né, et il me paraît que longtemps encore l'abus persistera, car les racines sont bien profondes, et pour les arracher il faudrait faire un trou qui ne serait pas facile à combler.

FRAIS DE JUSTICE

Depuis quelque temps, l'on voit beaucoup de changements de noms dans les études d'huissier ; cela dépend, je crois, que les charges d'huissier vont toujours en augmentant et, pour pouvoir faire face à toutes ces augmentations de frais, les huissiers commettent très souvent *des abus* et forcent la main dans la procédure. Aussi ce n'est pas étonnant que le Cabinet d'huissier devienne un *Cabinet d'affaires.*

Il donne des consultations, poursuit devant tous les tribunaux de commerce et de Justice de paix, au besoin conclut pour le client adversaire, fait les encaissements de billets, factures et loyers, moyennant une commission, suivant son tarif.

J'ai sous les yeux un tarif de la communauté des huissiers. Voici ce qu'il dit :

Il sera perçu, uniformément, par tous les huissiers de l'arrondissement, les honoraires ci-après :

1° Pour droit d'encaissement de sommes, avant ou après poursuites :

De un franc à mille francs......................	5 0/0
De mille un franc à deux mille..	4 0/0
De deux mille un à cinq mille.................. ...	3 0/0
De cinq mille un et au-dessus...	2 0/0

2° Pour rédaction des actes à signifier par un correspondant, débours non compris..... .... 3 Francs

3° Pour droit de correspondance dans toutes affaires litigieuses........................... .... 10 »

4° Production dans les faillites et assistances aux opérations, débours non compris................... 20 »

5° Rédaction de bordereaux d'hypothèques......... 3 »

6° Vacation ou dépôt et retraits de pièces......... 6 »

NOTA. — Les perceptions ci-dessus sont exclusivement à la charge du mandant.

La Chambre décide en outre qu'une provision doit être toujours exigée dans toutes les affaires.

Cette note date depuis longtemps (3 février 1877).

Je désirerais savoir pourquoi l'huissier prend un droit d'encaissement. Ainsi, je vous paye pour faire un commandement à mon locataire, vous pratiquez une saisie ; après la saisie le locataire vous solde et les frais et le capital. De quel droit prélevez-vous le 5 p. 0/0.

Je vous donne un billet pour faire le protêt et le nécessaire : citation au commerce. Quel droit avez-vous de prendre le 5 p. 0/0 puisque vous avez retiré le montant de votre travail. Rien ne ressemble mieux à l'homme d'affaires que l'huissier.

Croyez-vous que chez certains huissiers il n'y ait pas des abus, il y en a même que trop. Je m'efforcerai de vous en faire connaître quelques-uns, je me réserve pour vous fournir de plus amples détails.

Un débiteur doit une somme de *cent cinquante* francs. L'huissier est chargé de poursuivre ce petit commerçant. Il commence par lui adresser une citation au tribunal de commerce pour marchandise vendue et livrée pour le besoin de son commerce. Il fait élection de domicile en son étude, même si le commerçant demeure à Marseille. Comme cela il est maître de la situation. L'huissier se transforme en homme d'affaires. Lorsque le pauvre débiteur va le voir pour prendre un arrangement, il lui déclare que son client ne l'ayant pas autorisé, il lui est impossible d'accepter des à-comptes. Tout ce qu'il peut faire, dit l'huissier, c'est de lui accorder un mois, mais pour cela il faut conclure sur une feuille de papier timbré de 60 centimes.

Le pauvre commerçant se trouve très heureux d'avoir un mois devant lui. Voilà l'huissier transformé en homme d'affaires et comme demandeur et comme défendeur. Double provision et double abus. Et dire que ces abus durent depuis très longtemps sans que personne n'intervienne pour faire cesser tout ce marchandage, alors qu'à Marseille il y a plus de deux cent cinquante avocats.

Je continue : Après le jugement, signification, commandement, saisie et affiches pour la vente. Là l'huissier s'arrête et commence à transiger avec le débiteur. Il accepte un à-compte minime, à courte échéance. Ses honoraires d'avocat lui sont toujours payés à part. Enfin le délai accordé et le débiteur n'ayant pas pu s'exécuter, l'huissier lui met de nouvelles affiches, et lui fait encore 60 francs de frais. Nouvel à-compte de 50 francs versé par le débiteur.

Enfin le pauvre commerçant se voyant à la veille d'être vendu par de nouveaux frais d'affiches, demande comme dernière ressource un référé pour obtenir de nouveaux délais; au besoin c'est le même huissier qui le conseille et lui-même fait l'acte, dans son procès-verbal. Dans ce référé, frais d'avoué, ordonnance de continuation de poursuites. L'huissier ayant égard pour ce malheureux accepte encore un à-compte de 50 francs que le débiteur fait tout son possible pour se procurer ; mais les forces lui manquent pour continuer à donner des à-comptes. Voyant toujours augmenter la créance, l'exécution du référé est là qui attend l'agonie du pauvre commerçant. Il sera forcé de se déclarer en faillite ou de se laisser vendre. L'huissier donne sa note au créancier. Lui, qui croyait toucher de l'argent, est obligé de payer les pots cassés. Voilà l'inquisition judiciaire, voilà les abus.

Si l'huissier n'avait pas fait élection de domicile en son étude, s'il s'était contenté de faire strictement les actes demandés, le débiteur serait allé voir son créancier qu'il aurait payé par des à-comptes jusqu'à la fin de sa note. Le créancier serait rentré dans son capital et le débiteur aurait pu continuer son commerce. Voilà deux commerçants qui seraient satisfaits et auraient pu continuer ensemble des affaires. Voilà les abus.

Une autre affaire : Un créancier d'une somme de trois cents francs donne sa créance à un huissier que je ne nomme pas. Cet huissier présente une requête à M. le Président du Tribunal de Commerce de Marseille et obtient de faire une saisie conservatoire. Dans cette saisie, il n'y a rien ou presque rien. Immédiatement citation au commerce. L'huissier fait élection de domicile en son étude, prend jugement par défaut, signification. On lui fait opposition. Jugement définitif, signification, enfin affiches pour la vente. Le débiteur voulant se libérer par des à-comptes, offre de donner 50 francs et 20 francs par mois. On accepte. Mais on ne veut pas délivrer de reçus.

Pourquoi cela : je n'en sais rien. Pourtant toute personne qui donne de l'argent doit avoir un reçu. Aussi le débiteur n'ayant plus voulu donner des à-comptes sans reçu a préféré déposer son bilan.

Le créancier qui a confié ses affaires à l'huissier qui a fait élection de domicile en son étude, devrait être responsable des frais frustatoires dont il est l'auteur ; il devrait être rendu responsable de tous les frais qu'il a ainsi occasionnés en pratiquant une saisie là où il n'y avait rien à retirer.

Sachant qu'il n'y avait aucun avantage pour son client, il ne devait pas poursuivre l'exécution du jugement pour ne faire qu'aggraver la situation du débiteur. Il savait qu'il y avait une convocation des créanciers, que tous avaient adhéré à un concordat à l'amiable ; il savait aussi qu'en lui faisant deux cents francs de frais, le débiteur ne pourrait pas se libérer. Voilà pourquoi le créancier se trouve obligé d'ajouter à sa créance une somme de deux cents francs à celle de trois cents ce qui fait une perte de 500 francs. L'huissier ne devrait-il pas être responsable des frais frustratoires faits dans cette affaire.

Je viens d'apprendre que Messieurs les huissiers ont reçu de M. le Président du Tribunal de Commerce de Marseille une note pour que, à l'avenir, ils ne puissent plus présenter des requêtes pour faire signer, ni, même pour défendre, en justice, leurs clients. Je trouve cette décision très sage ; ce serait à désirer que Messieurs les juges de paix prissent la même décision, car dans les prétoires l'on voit des distributions de cartes d'huissiers, comme si on pouvait obliger chaque client à aller chez eux. Encore un abus.

Avant d'en finir sur les abus que commettent Messieurs les huissiers je dois dire un mot sur les transports.

On a un peu diminué les frais de justice ; cela est déjà un petit pas dans la réforme, mais je ne vois pas la diminution des frais de transport. Ainsi, que vous fassiez une citation à Saint-Pierre ou la présentation d'un billet avant protêt 4 francs ; à la Rose 6 francs ; à Saint-Henri, 8 francs ; à l'Estaque, 10 francs. Ne trouvez vous pas que ces frais sont exhorbitant devraient être réduits des 3/4 au moins, vu la facilité et les moyens de locomotions à bon marché, à moins que les justiciables soient chargés de fournir des équipages à ces Messieurs !

On verrait aussi avec plaisir les ordres venir de plus haut, pour que toutes affaires finies soient taxées d'office, sans que le débiteur ait à réclamer.

Aussi bien du côté des avoués que des huissiers, il faudrait que la taxe fût faite par un juge taxateur comme à Paris. Le débiteur payerait avec plus de satisfaction puisque sa note aurait été vérifiée et taxée.

Si le débiteur demande à faire taxer sa note — ce qui est son droit — par méchanceté on vous fait enregistrer la taxe ; ensuite on la fait signifier avec élection de domicile d'avoué. Cet abus doit disparaître. On fait tous ces frais lorsque le débiteur ne veut pas payer, ou fait le récalcitrant, sans cela on évite cette somme de vingt-cinq francs de frais frustratoires.

Aussi, toute note que l'huissier doit donner au débiteur devrait être taxée obligatoirement. A chaque à-comptes remis par le débiteur il doit lui être remis un reçu, et cette règle doit être suivie aussi bien pour Messieurs les huissiers que pour MM. les avoués voire même les avocats. Voilà des règles très nécessaires à mettre en pratique.

L'Inquisition Judiciaire

Sous ce titre de Inquisition Judiciaire, il ne faut pas confondre avec Inquisition d'Espagne, qui a existé et que tout le monde a lu avec indignation.

Mais en rapprochant les faits que j'ai l'honneur de vous faire connaître ainsi que le récit de cette procédure et, après avoir bien lu, vous serez indigné des procédés que l'on a employés pour commettre cette barbarie et vous-même vous reconnaîtrez que le titre s'applique bien dans cette circonstance.

Vous lirez que l'on a ruiné un père de famille en lui vendant deux immeubles, dans le seul but de faire des frais sans en tirer aucun bénéfice pour le créancier.

On a fait pour douze cents francs de frais, privilégiés, sur la vente des immeubles, qui n'ont même pas couvert les hypothèques et par conséquent rien pour le créancier, sur cette poursuite. Avant de commencer ma narration, je dois vous dire que la dette était de 145 francs, pour solde, au moment que l'on a pratiqué une saisie-arrêt sur un locataire qui devait payer la somme de *trois cent dix francs*, somme qui, avant de faire toutes ces formalités, avait été proposée à l'avocat par le débiteur et par le créancier lui-même ; enfin par une tierce personne. Que le débiteur se serait empressé de lui faire une cession de sa créance en faveur du créancier mais que l'avocat a toujours refusé de le faire prétendant qu'il y avait impossibilité.

Son but était de faire vendre même en sachant qu'il n'y avait rien à toucher. L'avocat a dit que cela ne lui faisait rien, que les frais de l'avoué étant privilégiés il n'avait qu'à marcher. Le ratelier de l'avoué est assez grand, l'un, pour se passer des fantaisies, et l'autre pour exercer une vengeance).

Oui, l'avocat a voulu exercer une vengeance contre le débiteur : 1° Parce que M. le Président du Tribunal de Commerce de Marseille a empêché la déclaration de faillite ; 2° parce que le même débiteur a porté une première plainte à M. le bâtonnier des avocats, alors que le débiteur avait acquiescé à un jugement par défaut, que la somme était plus forte que celle due et qu'il aurait tenu compte de la plus value, ensuite que la saisie-arrêt pratiquée servirait à payer le créancier. L'acquiescement n'aurait servi qu'à empêcher la péremption. Quand vous saurez que sitôt que l'avocat eut obtenu ce qu'il voulait, plus de promesse, plus de parole.

Quand vous saurez que l'avoué, en favorisant l'acquéreur des immeubles, a jugé à propos de se faire un piédestal pour les prochaines élections et que cette brochure sera son suicide.

Vous jugerez par vous-même qu'un arrangement à l'amiable était impossible ; il fallait succomber et périr sous l'inquisition.

Vous dirai-je qu'une deuxième plainte avait été portée à M. le Procureur de la République ? Quoique la réponse se fût faite beaucoup attendre, elle a été aussi banale que peu spirituelle. Quand on est en faute on prend toujours le chemin de détour.

Ainsi, à mesure que j'avancerai sur les faits qui se sont passés, je vous ferai connaître la réponse de la plainte, portée contre l'avocat du demandeur.

La présente brochure sert à faire connaître à l'opinion publique, que souvent les juges vous condamnent parce que les documents qu'ils ont en mains les obligent à se prononcer par un jugement, même avec exécution provisoire, nonobstant opposition. Telle est cette affaire que je mets entre les mains de l'opinion publique. En dehors de cet acquiescement qui a été pris par tromperie et promesse, l'affaire n'aurait pas été si loin. Je suis persuadé que je rencontrerai quelques âmes charitables qui prendront cette affaire en sérieuse considération, parce qu'il n'est pas permis de dépouiller un père de famille sans droit ni raison, pour le seul plaisir de faire des frais, en se couvrant de la procédure qui a pu obtenir la spoliation des immeubles et par la tyranie.

Voici les personnes qui se sont occupées de cette affaire et dont chacune doit assumer la responsabilité des faits :

1° M. F. L., négociant en grains. C'est un personne un peu timide à qui l'on donnerait, comme on dit, le bon Dieu sans confession, mais quand il a donné ses affaires à un avocat il ne s'en occupe plus. On voit qu'il est un peu indifférent de tout ce qui se passe autour de lui, je désire que tout marche très bien avec cette nonchalance.

2° M. C. B., avocat du demandeur, homme intrépide. Seulement les affaires lui font défaut.

3° M. B., avoué, l'homme à la cavalerie municipale, profitant de toutes les occasions pour se faire un piédestal électoral pour les prochaines élections. Cette fois-ci il se trompe.

4° M. C., ouvrier mécanicien, acquéreur des immeubles. Bonne affaire à saisir. Homme politique qui peut rendre des services à Mᵉ B.

5° M. R., avoué-avocat, ancien notaire, rempli de titres mais pas de qualités, préfère son bénéfice que de défendre son client, il est un peu timide, mais pas pour faire des notes.

Une enquête serait nécessaire, pour savoir : 1° Si M. L., négociant, créancier, n'est allé voir M. B. C., son avocat, pour lui proposer d'accepter la cession de la saisie-arrêt pratiquée à sa requête entre les mains du locataire débiteur ; savoir la réponse qu'il a fait pour ne pas accepter cette cession. Ce fait est très nécessaire pour le faire comparaître devant qui de droit et savoir aussi la vérité sur la décision de M. le Président du Tribunal de Commerce de Marseille. Voilà deux cas, M. B., avocat serait tenu de donner des explications en présence, bien entendu, du débiteur. Si sa réponse ne concorde pas sur les faits, consulter M. le Président du Tribunal de Commerce

Ce magistrat vous dira ce qui s'est passé. Dans cette enquête demander à M. B. C., avocat de M. L. F. quelles sont les promesses qu'il a faites au débiteur pour l'engager à acquiescer au jugement de défaut, parce que l'on n'acquiesce pas à un jugement de défaut quand la demande de la créance est plus forte que celle qui est due ; il y a eu un arrangement à l'amiable et incontestablement l'enquête le prouverait.

1° Tous ces faits prouvent le tort qu'a eu l'avocat de tromper la bonne foi du débiteur ; 2° Sa promesse reçue devant M. le Président ; 3° Le refus de faire la cession de la créance en faveur de M. L., le créancier ; 4° Enfin de savoir si M. B. n'a pas dit à M. L., et à d'autres personnes que tout ce qu'il a fait c'était pour se venger de la plainte portée à M. le bâtonnier des avocats par le débiteur. Tout cela ne constitue-t-il pas des délits ?

Avec un acquiescement au jugement de défaut, les tribunaux ne peuvent pas s'arrêter aux poursuites intentées par le demandeur, même si ce demandeur outre passe tous les droits en se constituant au lieu et place du créancier.

Il faudra partager cette affaire en deux parties : la première, celle qui a trait au Tribunal de Commerce de Marseille et l'autre au Tribunal Civil.

Ainsi, la demande en déclaration de faillite : M. L., négociant, domicilié à Marseille, était créancier de M. M. de la somme de 185,60, se composant de 4 billets de 40 francs chaque et le 5ᵐᵉ de 25,60, ensemble 185,60. M. L. a remis ces billets à Mᵉ B. C., avocat, pour en opérer le recouvrement

1° M. B. a immédiatement fait protester un billet de 40 francs, puisque les autres billets n'étaient pas échus ;

2° Il a cité en déclaration de faillite pour une somme de 231,80. Pourquoi y a-t-il augmentation de la somme de 45,10 sur cette demande. Mystère.

3° Dans sa citation, M. B. avait fait élection de domicile en son cabinet. Pourquoi cela, alors que le créancier est à Marseille et que la loi est formelle. Il faut indiquer le domicile du demandeur, cela n'est-il pas un abus ? Je me réserve de démontrer que, pas plus un avocat qu'un huissier, n'ont le droit de faire élection à leur domicile sans assumer toute la responsabilité de la procédure qui suit.

Nous disons que le débiteur a reçu une citation en déclaration de faillite pour la somme de 231.80 alors qu'il ne devait que 185.60 Par suite d'une affaire imprévue, le dossier avait été déposé entre les mains de M. le Président du Tribunal de Commerce pour déclarer la faillite.

M. le Président voulut bien nous convoquer pour connaître nos dires, malgré la persistance que Mᵉ B., avocat, mettait pour que la faillite fut déclarée. La réponse du défendeur a été claire et ferme : 1° Il a fait observer que sa dette n'était que de 185,60 et non celle de 231,80 comme porte la citation ; 2° Que pour l'instant il n'y avait qu'un billet de 40 francs échu et qu'on proposait de verser 40 francs à l'instant même.

M. B. fit toutes les difficultés pour accepter cet à-compte.

Ce qui a obligé M. le Président de lui répondre qu'à l'avenir il ne déclarerait aucune faillite sans la présence du créancier.

Acceptez les 40 francs que le débiteur vous verse et vous lui ferez faire des petites valeurs pour le restant de la somme, et, mensuellement, vous les remettrez au créancier, M. L.

Je ne comprends pas, a-t-il dit, lorsque un débiteur veut se délibérer par à-compte que l'on mette autant de difficultés pour les accepter.

L'avocat a accepté les 40 francs, a retiré le dossier mais il n'a pas tenu la promesse faite à M le Président de faire des valeurs...

Ainsi trois fautes commises par l'avocat : la première pour avoir cité pour une somme supérieure à celle qui était due ; la seconde pour avoir fait élection de domicile en son étude pour assumer la responsabilité, et la troisième d'avoir pris l'engagement devant M. le Président du Tribunal de Commerce de Marseille. Abus.

Entre parenthèses je dois vous faire connaître la réponse de Mᵉ B , avocat, faite à M. le Procureur de la République : « Il est vrai que je me suis trompé, en envoyant la citation, d'avoir augmenté le chiffre sur le montant de la créance ; je ne puis pas m'expliquer le motif de mon erreur ». Comme cette réponse est naïve pour un avocat. Mais il n'a rien dit sur la décision de M. le Président du Tribunal de Commerce que M. B. avait acceptée en encaissant les 40 francs et en retirant le dossier qui était aux mains de M. le Président. Quant à sa décision, M. B. l'a faite passer par-dessus bord.

Je suis persuadé que le Président a cru cette affaire arrangée. Oui, cette affaire est terminé par une spoliation, par une inquisition judiciaire au lieu d'avoir fini comme M. le Président avait décidé. Que voulez-vous, les gens d'esprit n'ont pas besoin de se soumettre, même en présence de la promesse faite à M. le Président du Tribunal de Commerce.

Ainsi, vous le voyez, dans cette première partie, si M. B., avocat, avait tenu compte de la décision ci-dessus mentionnée, cette somme de 145,50 aurait été payée et son client aurait eu pleine satisfaction de son débiteur. Que voulez-vous, il avait touché une provision de 50 francs, il fallait bien faire beaucoup de travail pour compléter son dossier.

Puisque je suis emmené à traiter tous les abus qui me viennent sous les yeux, je mentionnerai la citation de M. L., négociant, domicilié et demeurant à Marseille, élisant domicile dans le Cabinet de Mˑ C. B.

Ainsi, en tête de la citation il y a le nom de M. L., sa profession, mais pas son domicile, l'élection est dans le Cabinet de Mᵉ B. C., avocat.

Je demande à qui de droit si de substituer le domicile du créancier ne constitue pas un abus, et l'avocat n'est-il pas responsable des actes que l'on met en pratique par des abus, l'abus est un quasi-délit.

Jusqu'à preuve du contraire, je dis que pas plus un huissier qu'un avocat n'a le droit de faire élection dans son domicile. Lorsque le créancier habite la même ville, ils peuvent mettre après le domicile du créancier Mˑ X., avocat, son défenseur, et cela sans assumer aucune responsabilité de la part du créancier n'y du débiteur, parce que le créancier ne doit pas être effacé dans ces affaires. Du reste en faisant une étiquette pour la déposer au Tribunal de Commerce, vous êtes obligé d'indiquer les nom et prénoms, la profession et le domicile du créancier ; cela prouve que les abus que l'on commet en faisant les citations ne sont pas admis au greffe du Tribunal de Commerce. En le faisant comme la loi vous oblige, le débiteur peut voir sont créancier, lui expliquer sa situation, et en cas de non arrangement reçoit les oppositions à son domicile et peut suivre toute la procédure qui se fait en son nom. Mais si l'élection est faite au nom et domicile de l'avocat, lui-même en a toute la responsabilité et souvent le créancier est obligé de payer les pots cassés.

Je soumets cette impression à qui de droit pour que l'on étudie bien à fond le mal qu'il porte au commerce en général et la question en particulier.

Du reste, la suite de cette affaire vous indique les moyens que l'avocat a employés pour suivre à sa guise cette procédure dont le créancier a dû subir la volonté.

Dans l'enquête que j'ai déjà demandée plus haut pour savoir : 1° Si M. L..., créancier, n'est pas allé voir Me B..., son avocat, pour lui dire d'accepter la cession de la saisie-arrêt proposée par le débiteur ; 2° Si sa réponse n'a pas été qu'il ne pouvait accepter une cession étant déjà frappée par une autre, alors surtout qu'il savait que tout ce raisonnement n'était pas le vrai, afin de changer la situation de l'affaire. Au moment de proposer la cession de la saisie au créancier, il a réclamé, le 2 octobre 1897, la note des frais ci-après :

    Capital .... 160 »
    Intérêts 6 50
    Frais Exposés........ 160 »
                        ─────────
                        326 50

L'enquête permettra d'établir exactement si, réellement, cette note n'est pas frustratoire tant sur le *capital* que sur les *intérêts*, ainsi que sur les *frais*. Cette note, a été grossie pour mettre le débiteur dans l'impossibilité de la payer. Voilà des abus qui se commettent journellement et sous le couvert de la loi.

Avant de finir la première partie si heureuse pour le demandeur je dois remercier M. le Président du Tribunal de Commerce de Marseille, des grands services qu'il rend aux petits commerçants en leur évitant souvent la déclaration de faillite. Nous le remercions tous de la peine qu'il se donne pour les convocations faites entre les créanciers et les débiteurs afin d'arriver à un arrangement.

Le système que vous avez adopté de convoquer les parties devant vous, Monsieur le Président, est une rude besogne, j'ai vu quelques fois plus de 40 personnes attendre leur tour ; combien de faillites évitées, combien de créanciers vous sauront gré de votre manière d'opérer, sans compter les débiteurs qui trouveront en vous un père de famille, qui comprend qu'avec le temps un honnête commerçant peut se relever de cette mauvaise situation.

Combien de fois vous devez avoir vu que le plus acharné des créanciers était celui qui avait touché plus des trois quarts de son capital. Ceux-là voulaient la faillite, et au besoin se mettaient ensemble avec d'autres créanciers pour la faire déclarer.

Quelle lutte vous avez dû subir pour défendre ce pauvre malheureux qui, sans vous, serait tombé, tandis qu'à d'autres petits créanciers cela ne leur fait rien de voir déclarer la faillite de leur débiteur, alors que d'autres ayant fait une première affaire sont acharnés pour la faillite.

Combien d'affaires vous avez arrêtées à mi-chemin, enfin combien de personnes vous sont et vous seront reconnaissantes de vos bienfaits.

Les créanciers acharnés contre les débiteurs pour faire déclarer la faillite se trouvaient, comme je l'ai dit plus haut, après avoir touché une partie de leur créance, dans l'obligation de rembourser en entier les sommes reçues par eux ainsi que les frais exposés ; malgré des à-comptes reçus sur leur capital, le créancier persistait à la déclaration de faillite, mais si on lui répondait : je veux bien vous satisfaire pour la demande en déclaration de faillite, à condition que les sommes reçues soient versées avant la faillite au greffe du Tribunal de Commerce pour parer aux premiers frais, vous verriez le créancier se calmer et demander à réfléchir sur les conséquences de la nouvelle perte, et, au besoin, leur retirer le dossier pour ne pas entraver le débiteur.

J'ai vu bien des fois des créanciers avoir touché le capital et persister sur la demande en déclaration de faillite pour quelques frais restant à payer ou les intérêts.

Si ces propositions que je viens d'indiquer lui étaient faites vous verriez le créancier se contenter de ce qu'il a reçu et bien heureux de ne pas verser la masse.

Je finis ma lettre, Monsieur le Président, en vous remerciant sincèrement de tout ce que vous avez fait pour améliorer la situation des pauvres débiteurs qui ont bonne envie de payer et qui font tous leurs efforts pour acquiter leur dette. Merci à vous qui savez tenir compte de la crise que nous subissons depuis bien longtemps. Je vous suis reconnaissant, dans l'intérêt de commerce, d'avoir décidé qu'aucun huissier ne peut représenter un créancier au Tribunal de Commerce et il serait à désirer que ce principe fut appliqué dans les justices de paix.

Recevez, Monsieur le Président, l'expression de ma respectueuse considération,

J. MIGHETTO.

Vous connaissez les moyens que l'on a employés pour obtenir l'acquiescement au jugement. L'avocat sortit de son cabinet, me tendit la main en me disant : sans rancune. Qu'elle n'a pas été ma surprise, le lendemain de l'acquiescement, de recevoir un commandement à trente jours pour la saisie immobilière.

Immédiatement, j'écrivis à M. le Bâtonnier des avocats pour lui faire connaître la conduite peu loyale de l'avocat B ... Après m'avoir tendu la main et avoir pris un arrangement sur la saisie-arrêt pratiquée, j'eus le tort d'avoir confiance en ses promesses.

La note des frais que je lui demandai le 2 octobre, grossie pour la circonstance, s'élevait à la somme de *326 fr. 50.*

Dans l'intervalle des 30 jours, tout a été mis en mouvement : le créancier lui-même a supplié son avocat d'accepter la cession des loyers, ayant déjà d'autres locataires. Ni le créancier, ni d'autres personnes envoyées pour prendre cet arrangement ne purent obtenir la discontinuation des poursuites, l'avocat étant devenu seul maître de la situation, et ayant entre ses mains l'avenir d'une personne qu'il tient entre la vie et la mort, et cela parce qu'il est avocat et fait élection à son domicile. Tout cela s'est fait parce que il y avait eu plainte à M. le Bâtonnier des avocats contre lui.

Les saisies immobilières étant faites ainsi que l'ajournement devant le Tribunal Civil, l'inquisition continue de plus belle. Nous allons assister à l'entrevue de l'avoué et de l'avocat. Il signor avvocato C... B..., il procoratore B..., demeurent à côté l'un de l'autre ; l'avocat entre dans le cabinet de l'avoué :

— Bonjour, cher Maître, vous avez des paperasses qui doivent être de quelque utilité.

— J'ai le dossier de mon débiteur M... ; j'ai eu beaucoup de peine pour le faire acquiescer à ce jugement.

— Je sais, c'est celui à qui vous m'avez prié de faire une note le mettant dans l'impossibilité de payer ?

— C'est bien cela, mais à présent nous pouvons marcher, il possède plusieurs maisons.

J'ai donc pratiqué une saisie immobilière sur ses maisons. En ce moment nous sommes sûrs de bien le tenir. Cela lui apprendra à porter plainte contre un avocat.

— Mon cher Maître, dit l'avoué, vous ne pouviez mieux tomber dans cette affaire.

J'ai en ce moment un client, un acquéreur, à qui je voudrais procurer une bonne affaire parce que cette personne peut me rendre de très grands services. Si je lui fais faire une bonne affaire, je suis persuadé qu'aux prochaines élections je me porterai à la déportation, non je me trompe, je veux dire à la députation, parce que son concours me sera d'une grande utilité.

— Comment l'appelez-vous ce personnage ?

— C'est M. C..., pas le député, mais il a autant de pouvoir que l'autre. Celui-ci, travaillant pour mon compte, aura beaucoup d'influence j'espère de pouvoir réussir.

Travaillons ensemble dans cette affaire, nous réussirons, je le pense, à lui faire faire une bonne affaire et pour nous aussi puisque les frais sont privilégiés.

Vous le voyez, cher lecteur, on a escompté sur la vente des immeubles, l'un pour se faire un piédestal électoral et l'autre, je ne sais pas son ambition ; tout ce que je peux vous dire c'est qu'il ne prend pas un louable chemin.

Voulez-vous connaître la réponse à la plainte portée contre

l'avocat ? La voici : « Il a répondu que sur la citation portée au Tribunal de Commerce pour la deuxième fois, au lieu de 160 fr., il n'est dû que 151 fr. et que le débiteur est un homme de mauvaise foi, que s'il a fait la citation valeur en marchandises c'était pour lui économiser les frais de timbres (1 fr. 19), enregistrement des billets. » Trouvez-vous que cette réponse, faite à M. le Procureur de la République, est équitable ? Non, tout cela est en dehors de la vérité. (Une enquête s'impose).

Ainsi, Maître B..., vous avez voulu économiser le timbre des billets, *1 fr. 20,* pour faire 1,200 fr. de frais.

Avant que les immeubles ne soient vendus, le débiteur a fait diligence en poursuivant son locataire pour lui faire verser à la Caisse des Dépôts et consignations les sommes dues, et pour cela il lui a fait tenir une citation en référéré devant M. le Président du Tribunal.

Savez-vous qui s'est présenté en référé pour empêcher de faire le versement de cette somme ? C'est Maître B..., avoué, le même qui poursuit le débiteur. Cette somme versée entre ses mains devait servir d'appoint et d'à-compte pour faire renvoyer la vente, seulement le lendemain voici ce qui est arrivé à l'audience, l'avoué poursuivant a fait connaître au tribunal que l'à-compte qu'il avait en mains était insuffisant et qu'il avait beaucoup d'acquéreurs pour tirer un bon parti des immeubles ; d'autre part M. R..., avoué, lui, abandonnait la barre pour se promener dans le vestibule. Le débiteur s'est démêlé comme il a pu, mais le tribunal a ordonné la continuation de la vente. Dans cette vente, l'avoué a acheté pour le compte de M. C..., ouvrier mécanicien, deux immeubles mis en vente sur la mise à prix de 5 francs et adjugés à 1,025 fr., il n'y avait que deux acquéreurs ; ces deux immeubles valant de 8 à 10,000 fr., ont été sacrifiés pour une misérable somme de 1,025 fr.

Vous qui me lisez, cher lecteur, n'avez-vous pas le frisson de voir cet avoué jouer un si triste rôle dans cette affaire, surtout en présence du pauvre débiteur, sans avoir la pudeur de la dignité ?..

20 ans de travail perdus en un moment par le seul caprice d'un avocat et d'un avoué.

Avec de pareils résultats, il n'y a pas à hésiter à dévoiler les abus qui s'enracinent toujours et que l'on a beaucoup de peine à combattre. Aussi je fais appel à toutes les personnes qui ont été plus ou moins dupes de ces messieurs de vouloir bien nous fournir des documents que nous signalerons dans notre prochaine brochure.

Avant de finir, je dois vous dire que sur le montant de la créance de la saisie-arrêt, j'ai payé les sommes suivantes :

Pour le jugement de l'acquiescement .... 160 —
Les intérêts de 6 % du 25 Août 1897 au 25 Juillet 1898....... 8 80
Plus les 40 fr. versés devant M. le Président du Tribunal de Com^ce 40 —

208 80

Je ne devais que la somme de 185 fr. 60 et non celle de 200 fr. J'ai donc versé 14 *fr.* 40 en plus. Il a fallu payer cette somme, puisque le jugement porte 160 *francs.*

J'attends, avec patience et résignation, l'enquête demandée, pour que justice soit faite.

En attendant, chers lecteurs, mettez-vous en garde contre tous les abus qui se commettent, veuillez les signaler. Nous travaillerons, ainsi tous ensemble pour les prévenir.

www.ingramcontent.com/pod-product-compliance
Lightning Source LLC
Chambersburg PA
CBHW050406210326
41520CB00020B/6485